사상의학자가 들려주는

네 가지 마음 충심

사상의학자가 들려주는
네 가지 마음 중심

초판 1쇄 발행 2024년 6월 20일

지은이 이종형
펴낸이 이종형
펴낸곳 노토스
출판등록 제2024-000032호

교정 김나현
디자인 이현
편집 이현
검수 한장희
마케팅 김윤길, 정은혜

이메일 notos85@naver.com

ISBN 979-11-963854-1-5(03190)
값 17,000원

- 이 책의 판권은 지은이에게 있습니다.
- 이 책 내용의 전부 또는 일부를 재사용하려면 반드시 지은이의 서면 동의를 받아야 합니다.
- 잘못된 책은 구입하신 곳에서 바꾸어 드립니다.

사상의학자가 들려주는

네 가지 마음 중심

이종형 지음

(현재 막막한 어둠의 터널을 지나고 계신 분들에게,
쉼으로 인생을 돌아보고
전진을 위한 길잡이가 필요하신 분들에게,)

들어가면서…

이제 막 세상에 발을 내디딘 청년 분들의 세상 살아가기가 과거보다 더 팍팍하고 어려워졌을 것이라 생각합니다.

진료실에서 가끔 힘들어하는 젊은 환자들을 마주하면서 힘들 때 마음가짐에 길잡이를 삼을 수 있는 참고서와 같은 것을 드릴 수 있으면 좋겠다고 생각했었습니다.

현재 막막한 어둠의 터널을 지나고 계신 분들, 잠시 쉬면서 인생을 돌아보고 다시 앞으로 나아가기 위해 길잡이가 필요하신 분들, 또 아직 살아갈 날이 아직 많이 남은 제 자신을 위해 책을 기획하고 정리해 봅니다.

2024년 2월 1일 글을 준비하며….

목차

들어가면서… _5

Chapter 1. 꿈

1. 언젠가는 끝이 나는 음악 _10
2. 꿈을 꾸는 것. Dream a dream…. _13
3. 되고 싶은 것도, 하고 싶은 것도 없던 아이 _17
4. 네 인생은 이지 모드, 내 인생은 나이트메어 _23
5. 희망은 좋은 것. 언젠가는 봄이 오기를…. _29

Chapter 2. 사람

1. 혼자 살 수 없는 인간 _40
2. 편한 공간, 어려운 모임 _46
3. 나의 적정 거리, 그의 적정 거리 _52
4. 나만의 아지트 _59
5. 소확행(小確幸) _65

Chapter 3. 사랑

1. 감정의 의미: 진짜 감정과 가짜 감정 _76
2. 감정 끌어내기 _86
3. 채움으로 비워 내기 _94
4. 만남과 연대. 에너지의 등가 교환 _100
5. 사랑, 인류애(人類愛) _107

Chapter 4. 현실

1. 내 몸에 맞는 옷 _114
2. 나와 나의 모습 동기화 _122
3. 나의 위치, 나의 나이 _130
4. 전쟁터에서 살아남기 _138
5. 내가 그를, 그가 나를 좋아하는 이유 _146

에필로그 _157

꿈은 삶이 나아갈 방향을 제시해 준다.
사람은 삶이 펼쳐질 무대를 이루고,
사랑은 삶의 동력원이 된다.
우리의 삶을 구체화하는 것이 곧 현실이다.

Chapter 1.

(꿈)

1.
언젠가는 끝이 나는 음악

인생에 끝이 정해져 있다는 것, 누구나 언젠가는 무(無)로 돌아가야 한다는 사실은 슬프지만 한편으로 위안이 될 때도 있습니다.

저명한 시스템 생물학자 데니스 노블 박사는 그의 책
『The Music of Life』에서 인간의 유전자와 인생을 CD와 음악에
비유했습니다. 당신의 음악은 어디까지 Play 되었나요?

고통스러운 삶도 아픈 기억도 결국에는 '나'와 함께 사라질 테니까요. 남아 있는 시간을 소중하고 의미 있게 보내야 하는 것, 그것이 '죽음'이 우리에게 주는 메시지입니다.

우리 나중에 행복한 모습으로 만나요.

그리고 '죽음'은 정말 소중한 것은 무엇인지, 내가 없어져도 지속될 '영원한 것'은 뭐가 있는지 물어봅니다.

여러분의 묘비에 새겨질 글귀는?
영원한 가치를 찾아 끝까지 포기하지 않은 OOO 이제 잠들다.

여러분의 음악이 끝날 때 세상에 남기고 싶은 것은 무엇인가요? 여러분의 삶이 어떻게 기억되기를 바라나요?

2.
꿈을 꾸는 것. Dream a dream….

한국어의 꿈과 영어의 dream 모두 두 가지 의미를 지니고 있습니다.
다른 언어도 마찬가지일까요?

여러분이 하고 싶었던 일은 무엇인가요?
어떤 사람이 되고 싶으셨나요?
어디에서 어떤 시간을 보내고 싶으셨나요?
지금은 그 일과 모습에 얼마나 가까워져 있나요?
혹시 하고 싶으셨던 일이 없었나요?

되고 싶던 사람도,
가고 싶었던 곳도,
보내고 싶었던 시간도 없었나요?

그렇다면 어렸을 때의 기억을 떠올려 보세요.

가장 처음 흥미를 느꼈던 활동, 무언가 되고 싶다고 처음으로 느꼈던 순간, 처음으로 멋지다고 생각했던 그 사람, 그곳, 그런 추억….

어렸을 때의 순수한 그 마음이
현재 여러분에게
이정표를 제시해 줄지도 몰라요.

처음 하고 싶었던 것은 달고나 굽기….
그렇다면…?

여러분은 그와 같은 것들을 사랑하고, 꿈꾸고, 원하는 아이였고, 아마 지금도 그런 사람일 가능성이 높습니다.

물론 예전의 그 활동, 그 사람, 그 장소와 시간은 이제 별로 흥미롭지 않을 수 있겠지만….

여러분은 여전히 누군가에게 즐거움을 주는 것, 존재하지 않던 무언가를 창조하는 것, 안락함을 제공하고, 누군가를 도와주는 것, 또는 위안을 주고 활기를 찾아주는 일에서 행복감을 느낄 것이고, 또 살아 있음을 만끽하게 되실 수 있습니다.

그때의 그 아이,
내면에서 찾아보세요.

3.
되고 싶은 것도, 하고 싶은 것도 없던 아이

그런데, 어린 시절을 떠올려 봐도 여전히 아무것도 없나요? 설렜던 기억도 두근거리는 순간도 없었나요? 그럴 수 있죠. 아마 기억에서 사라진 것일 테지만… 괜찮습니다.

지금부터 다시 찾아 보면 되니까요.
언제 어떤 활동을 할 때, 어떤 곳에서 어떤 시간을 보낼 때 가장 '나'다워지는지 찾아 보자고요.

그림 그리기? 축구? 사람들과의 만남? 봉사 활동? 무(無)에서 유(有)를 창조하는 글쓰기는 어떤가요?

기억을 돌이켜 봐도
아무것도 떠오르지 않으세요?

Chapter 1. 꿈

시작이 반이라죠?
일단 힘차게 한 걸음 내딛어 봅시다.

일단 뭐든 시작해 봅시다.

심장이 뛰게 하고, 온전함을 느끼게 하고, 더 발전하고 싶게 만드는 것들은 뭐가 있을까요? 꼭 되고 싶고 닮고 싶은 모습, 혹시 이제 생각나시나요?

이런 것들은 내가 앞으로 나아가야 할 방향에 힌트를 줄 수도 있고, 어쩌면 방향 그 자체일 수도 있습니다.

지금 이 방향이 맞을까요?

때로는 인내와 고통을 수반하고 많은 시간과 힘을 소진시키지만, 더 높은 단계로 나아가게끔 열정을 제공해 주죠.

시간과 두뇌 자원을 잡아먹는 단순 오락과는 구분이 되지만, 게임도 하나의 스포츠로 인정받는 시대니 굳이 선을 그을 필요는 없습니다. 하지만 중요한 것은 실현 가능성. 나의 소질, 미래 전망, 수익성을 따져 봐야 하는 것.

자본주의와 시장 경제 체제를 살아가는 현대인의 기본자세죠.

Money…. 글쓴이도 돈을 벌어야….

이상과 현실의 조화…. 중요한 얘기입니다.

아무도 이해해 주지 않는 나만의 세계에 갇혀 버린 몽상가, 돈만 밝히는 욕심쟁이 속물. 어느 쪽도 우리가 원하는 모습이 아닐 테니까요.

굳이 선택하자면 몽상가를 선택하겠습니다. 독자분들은요?

물론 굳이 결정을 해야 한다면, 저는 전자의 손을 들어 주겠습니다. 하지만 당장 올인(All-In)해야 할 필요도 평생 도전을 이어 나가야 할 의무도 없습니다.

먼저 한 모금 맛보아도 괜찮습니다.

우리에게는 늘 '간보기 스킬', 취미 활동, 책이나 영상 등을 활용한 간접 체험, 투 잡(Two Jobs)과 같은 현실적인 옵션들이 존재하니까요.

천천히 생각해 봅시다.

한 발 내딛는 용기도 부려 보고, 목표를 향해 꾸준히 나아가는 의지도 발휘해 봅시다.

요즘 특히
자주 듣고 싶은
음악 있나요?

귀를 잡아당기는 음악을 들으며 마음을 가다듬어 봅시다.
어쩌면 모든 짐을 내려놓고, 우연히 듣게 된 음악에서
힌트를 얻게 될지도 모를 일입니다.

4.
네 인생은 이지 모드, 내 인생은 나이트메어

이제는 아주 오래된 기억인데, 중대한 실수로 첫 수능을 망치고 나서 한동안 유명한 RPG 컴퓨터 게임에 빠져 지냈었습니다. 중학생 때 친구들과 잠시 즐겼었던 게임을 오랜만에 다시 찾은 것이죠.

철갑을 두른 나의 페르소나. 마법도 부립니다.

내가 원하는 캐릭터를 고르고, 나쁜 악당을 물리치며 레벨 업 하고, 현실에서는 없는 다양한 마법 스킬과 무기들을 장착하는…. 지금 다시 생각해 봐도 정말이지 재미있었습니다.

결국 똑같은 스토리를 반복하는 것이고, 난이도만 노멀(Normal), 나이트메어(Nightmare), 그리고 헬(Hell)까지 증가하면서 더 많은 힘을 얻고, 새롭고 화려한 스킬을 익히는 단순 구조였는데 말입니다.

한번 빠지면 헤어 나올 수 없는 위험한 그 맛입니다.

아마도 화면 속 나의 작지만 강한 페르소나에서 현실에서는 얻을 수 없는 강력하고 달콤한 심리적 보상을 얻을 수 있었겠죠.

우리의 삶도 게임과 많이 비슷합니다.

사실 게임은 현실과 다른 점이 더 많습니다.

차이점을 찾아 보자면, 캐릭터를 스스로 선택한 적이 없고, 난이도를 선택한 적이 없다는 것. 현실은 게임처럼 선과 악이 극명하게 나뉜 세계가 아니라는 것. 그리고 끝은 모두 공평하다는 것…. 사실 이외에도 많기는 하네요.

죽음은 언젠가 공평하게 찾아오지만, 삶의 무대는 공평하지 않습니다. 누군가의 삶은 처음부터 한없이 풍족하고, 또 누군가의 무대는 너무 혹독해서 눈물을 자아냅니다.

여러분은 어떤 선물을 갖고 태어나셨나요?

그 누구도 스스로 선택한 적이 없는데 말이죠.

여러분의 인생 난이도는 어느 정도인 것 같나요? 비교적 순탄했나요? 아니면 혹시, 돌이켜 보니 억울하고 비참하셨나요?

오르막길, 내리막길, 자꾸자꾸 변하는 인생길.
10년 전의 방향과 10년 후의 방향이 완전히 다를 수 있습니다.

인생은 컴퓨터 게임보다 길고, 난이도는 언제든지 바뀔 수 있습니다. 인생이라는 게임의 룰도 시간이 지나면서 달라지기 마련이고요.

노멀 모드에서의 레벨 업에는 한계가 있습니다. 헬 모드에서의 전투는 지옥 같아도 승리했을 때 얻을 수 있는 경험치가 비교 불가죠.

게임에서의 패배는 곧 리셋(Reset)이지만, 인생에서의 고난은 버티기만 해도 절반은 성공입니다.

때로는 질 수도 있겠죠. 그래도 괜찮습니다. 기회는 다시 돌아오기 마련이니까요.

5.
희망은 좋은 것. 언젠가는 봄이 오기를….

누군가에게는 이런 이야기들조차 콧방귀가 뀌어질 만큼 삶이 고될 수 있다는 사실을 잘 알고 있습니다.

천재 화가에게도 힘들었던 인생….

천재 화가로 널리 알려져 있지만, 생전에는 진가를 인정받지 못하고 빈곤과 싸워야 했던 빈센트 반 고흐, 아시나요? 동생에게 보내는 편지에서 고흐는 이렇게 얘기한 적이 있습니다.

영원할 것 같은 겨울도 결국 끝나기 마련입니다.

"겨울에는 때때로 너무 추워서 여름이 있다는 게 아무 소용이 없는 것처럼 느껴질 때가 있어. 그 따뜻함이 현재 나에게 아무런 도움이 되지 않는다고. 악이 종종 선을 압도해 버리는 것이지.
그러나 결국에는 우리의 허락도 없이 이 쓰라린 추위도 가시게 되어 있어. 어느 날 아침 바람이 바뀌고, 해빙기를 맞이하는 것이지.
그래서 아직 희망을 갖고 있어야 해."

고흐는 그토록 기다리던 봄을 생전에 맞이하지 못했습니다. 대신 그의 작품들로 현재까지 많은 이에게 봄을 선사하고 있죠.

지금 고흐는 행복할까요? 그러기를 바랍니다.

Rest in Peace….

새로운 것, 놀랍도록 창의적인 아이디어, 우리의 피를 끓어오르게 만드는 일들은 대개 더 많은 용기와 인내를 필요로 합니다. 죽을 때까지 인정받지 못할 수 있고, 죽어서도 빛을 발하지 않고 조용히 잊힐지도 모르죠. 하지만 누구나 고흐처럼 힘겨운 길을 가야 할 필요는 없습니다.

때로는 타협해도 되고, 돌아가도 됩니다.

잠시 돌아가도 괜찮습니다.

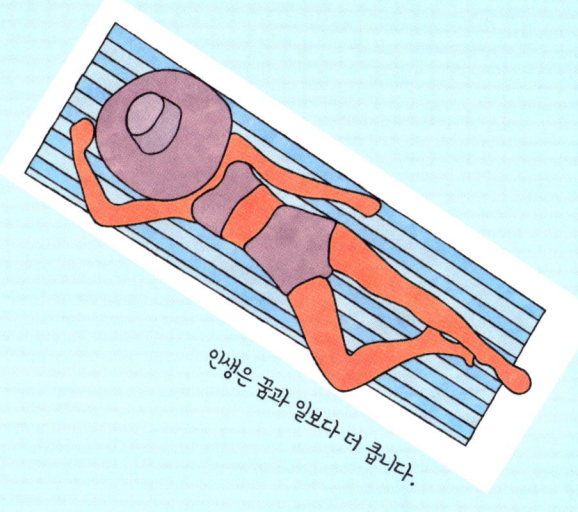

인생은 꿈과 일보다 더 큽니다.

나를 설레게 하는 것들에 집중해 보세요.
하지만 다 내려놓고, 충분히 휴식을 취해도 좋습니다.
인생에 일과 꿈이 전부는 아니니까요.

영화 「쇼생크 탈출(1995)」에서 억울한 누명으로 종신형을 선고받은 앤디 듀프레인은 그의 동료 레드에게 이렇게 이야기합니다.

"희망은 좋은 거예요."

열심히 배를 준비하고 노를 저어 봅시다.

마침내 역경을 극복하고, 이상향으로 떠나기 위해 낡은 보트를 닦는 앤디를 상상해 보세요. 그보다 찬란할 여러분의 미래도요.

여러분은 더 성장하고, 더 나아갈 수 있습니다.

꿈과 희망이 없는 삶에는 죽음이라는 엔딩이 기다리고 있습니다. 그것을 향해 늙어 가는 일만이 남아 있죠.

끝이 정해진 우리의 삶에서 희망은 정말 소중한 것, 그리고 영원한 가치를 향해 우리를 이끌고, 도전하게 합니다.

절대 스스로를 가두고, 여러분의 가능성을 무시하지 마세요.

어떤 심리학자는 혹독한 환경의 감옥에서 살아 나갈 수 있다는 희망을 가진 죄수들이 수감 생활을 더 견디지 못했다는 실험적 결과를 제시합니다. 희망의 위험성을 경고하는 것이죠.

우리 모두 죄수가 되지는 말아야겠습니다.

열심히 살아가거나, 열심히 죽어 가거나.
여러분의 선택에 달려 있습니다.

이루기 어려운 꿈도, 당장은 헛되어 보이는 희망이라도 괜찮습니다. 꿈과 희망은 그 자체만으로 우리를 살아 있게 해 주고 앞으로 나아가게 도와줍니다.

기왕이면 여러분이 떠올리시는 그것, 언젠가 빛을 볼 수 있게 되기를 바랍니다.

Chapter 2.

(사람)

1.
혼자 살 수 없는 인간

초등학교 수업 시간에 '인간(人間)'의 의미에 대해 배운 기억, 혹시 갖고 계신가요?

제가 어렸을 때에는 학교에서 사람 인(人)자가 서로 기대어 서 있는 두 개의 나뭇가지 모양으로 파자된 것을 보고, 서로 돕고 살 수 밖에 없는 존재로 배웠던 기억이 납니다.

서로 기대어 살아가는 인간을 형상화한 '사람 인'

이제는 조금 진부한 설명 같지만, 어쨌든 맞는 이야기입니다. 우리는 누군가의 도움 없이는 살 수 없으니까요.

타인으로부터 완전히 격리된 삶이 가능할까요?

산속에 들어가서 홀로 살아간다 한들 누군가가 재봉한 옷을 입고, 누군가가 농사를 지은 쌀을 먹고 살아가게 될 것입니다.

이 모두를 버릴 수 있다 한들, 이미 우리가 사용하고 있는 언어와 사고 체계는 대부분 타인의 가르침에서 비롯한 것입니다.

우리는 알게 모르게 서로 연결이 되어 있습니다.

인간은 오로지 홀로 살아갈 수 없는 존재입니다. 삶의 터전을 필요로 하며, 삶의 터전에는 다른 사람들이 존재합니다.

어떤 사람들은 보다 촘촘하지만 느슨하게 연결된 타인들로 이뤄진 공간을 원하고, 또 어떤 사람들은 보다 넓고 희소하지만, 끈끈하게 연결된 구성원들을 원합니다.

여러분이 원하시는 이상적인 삶의 터전은 어떤 모습인가요?

여러분이 원하시는 삶의 터전은 어떤 모습인가요?
그것을 어떤 사람들이 이루고 있을까요?

여러분이 원하시는 연결 강도는 어느 정도인가요?

여러분의 인생에서 보다 많은 타인들과 연결되기를 원하시나요? 아니면 그보다 여러분만의 공간이 더 많이 확보되길 원하시나요?

잘 모르시겠다고요?

서둘러 결정하실 필요는 없습니다. 천천히 함께 생각해 봅시다.

여러분의 삶이 결실을 맺으려면,
그에 적합한 토양, 터전이 필요합니다.

여러분이 필요로 하는 공간이 어떤 모습인지를 알고, 그것을 실제로 잘 가꿔 나가는 것은 곧 결국 여러분의 삶이 성공적으로 뿌리를 내리고, 마침내 결실을 거두게 하는 밑바탕을 다지는 일이기도 합니다.

2.
편한 공간, 어려운 모임

테라로사? 체르노젬? 이제 여러분에게 적합한 토양은 무엇일지, 보다 본격적으로 찾아 봅시다.

여러분에게는 정기적으로 만나는 친구들이 많이 있나요?

어떤 형식의 만남을 선호하시나요?

여럿이서 만나는 것을 선호하시나요? 아니면 일대일로 만나는 것을 선호하시나요? 어떤 사람들, 어떤 모임이 보다 편하게 느껴지시나요? 오랫동안 알고 지낸 친척들과 가족들 모임이 부담 없나요?

급조된 모임에 나가 보신 적 있나요?

농구, 음악, 혹은 다른 취미 활동을 위해 새로운 사람들을 만나시는 건 어떤가요? 공동의 뚜렷한 목적을 위해 혹은 정해진 주제에 대해 명확하게 이야기했으면 하나요?

아니면 이런저런 이야기, 흘러가는 대로 마냥 수다를 떠는 것이 즐거우신가요?

계속해서 단서를 모아 봅시다.

여러분은 만나는 사람에 따라 성격이 달라진다고 느끼시나요? 혹은 상황에 맞게 적응하고, 모습을 바꾸시나요? 아니면 어떤 만남이나 모임이든 항상 비슷한 편인가요? 늘 한결같은 모습에 사람들이 신뢰를 보이시나요?

사람의 특성이라는 게 칼같이 나누기 어려울 때도 있죠.

이런 성격적 차이들은 사실 미묘할 수도, 훨씬 더 극단적이고 명확할 수 있습니다.

또 이런 요소들은 성장 과정에서 나타난 일시적인 기호일 수도 있지만, 기질적인 요인에 의해 일생동안 지속되는 특징일 수 있습니다.

Please take your time!

그래서 시간을 두고 스스로를 관찰할 필요가 있죠.
우리가 특히 잘 파악해야 할 것은 후자, 그러니까 장기간 지속되는 기질에 관한 것입니다.

그래야 가끔씩 내 마음이 변덕을 부리더라도 나의 터전이 흔들리지 않을 테니까요.

또, 결론을 내리고 못을 박아 둘 필요도 없습니다. 성장하면서 우리가 필요로 하는 공간도 조금씩 바뀌기 마련이니까요.

3.
나의 적정 거리, 그의 적정 거리

여러분이 원하시는 사람과 사람 사이의 적정 거리에 대해 충분히 생각해 보셨나요?

지금 꼭 결론을 내릴 필요는 없지만
가끔씩 생각해 볼 필요는 있습니다.
나는 어떤 인간관계를 필요로 하는지요.

어떤 분은 어떤 형태의 모임이든 늘 스스럼없이 곧잘 분위기를 주도하시겠지만, 어떤 분은 가까운 가족 모임조차 힘이 드실 겁니다. 모임은 편하지만 속마음 나눌 친구 사귀기는 늘 어려운 사람도 있고, 여럿이서는 불편해도 일대일 만남에는 항상 자신이 있는 사람도 있습니다.

용도와 형태에 맞게 삶을 잘 담아 봅시다.

어쩔 수 없습니다. Chapter 1에서 강조해 드렸던 것처럼 인생의 끝은 공평하지만, 삶의 무대는 공평하지 않습니다. 모습은 비슷해도 삶의 양식은 제각각입니다.

다양한 삶의 형태에 절대적 기준은 없습니다.

다만, 서로 다른 사람들이 삶의 터전을 공유하며 살아가고 있으니, 서로의 차이를 조율해 나가는 방법들을 익힐 필요는 있겠죠.

모든 것은 상대적이죠. 사람 사이의 관계도 마찬가지입니다.

가령, 똑같은 관계도 잦은 만남과 친목을 당연하게 생각하는 입장에서는 서운하게 받아들일 수 있고, 멀지만 끈끈한 관계를 원하는 입장에서는 영역을 침해받는다고 느낄 수 있을 것입니다.

여러분은 늘 상대방이 원하는 거리와 주기를 파악할 필요가 있고, 여러분이 편하게 생각하는 관계를 드러낼 필요가 있습니다.

차이가 크다면 절충할 필요가 있고, 차이가 없다면 이제 관계를 잘 유지할 일이 남아 있습니다.

어린 왕자의 이야기, 기억하시나요?

그렇게 서로가 서로에게 길들여지고, 적응해 나가겠죠.
어떻게 하면 이 과정을 수월하게 해낼 수 있을까요?

어디까지가 대외적인 나의 모습일까요?
여러분의 선택에 달려 있습니다.

상황과 사람에 따라 적절한 나의 모습과 언어를 가꿔 나갈 필요도 있지만, 안정감이 있는 '나'의 일관성도 어느 정도 유지해 나갈 필요가 있습니다.

나에게 딱 맞는 옷을 찾아 입는다는 것이 한순간에 이뤄지는 것은 아닙니다.

만남을 통해 배우고, 수정해 나가야 하는 수업의 연속이죠.

때로는 온 세상에 버려진 것 같은 기분을 느끼게 될 수도 있습니다.

그 과정에서 어떤 만남은 실패할 것이고, 또 어떤 모임은 기억의 저편으로 밀려날 것입니다. 때로는 이 모든 과정이 그저 버겁고, 망가진 관계들이 온 세상을 가득 메워 버릴 것만 같을 수 있습니다.

그럴 때는 가장 편한 공간, 오롯이 '나'일 수 있는 휴식처를 찾아 봅시다. 있는 그대로 나를 이해해 주는 가족들일 수도 있고, 내가 아는 사람들로부터 단절된 독립된 방일 수도 있습니다.

어떤 곳에서 가장 안정감을 갖게 되고, 빠르게 충전되는 것을 느끼시나요?

4.
나만의 아지트

여러분이 많이 지쳐 있을 때 몸 담을 수 있는 곳은 어디이고, 최상의 컨디션을 필요로 하는 만남은 어떤 만남인가요?

힘들고 절망적일 때 가장 찾고 싶은 곳 1순위는 어디일까요?

가끔씩 순위를 매겨 보고, 그것들이 잘 관리되고 있는지 체크해 봅시다.

평소 그들을 너무 소홀히 대하지는 않았나요?

여러분이 떠올리시는 그 사람들도 안식처를 필요로 하고 있을 수 있습니다. 그것을 여러분이 제공해 줄 수 있다면, 그것도 뿌듯한 일이겠죠.

잠깐!
지금 찾는 그곳,
당신의 아지트가 맞나요?

내가 너무 지쳐 회복이 필요할 때는 1순위의 그곳을 찾읍시다. 후순위의 그 모임은 잠시 미뤄 두고 나중에라도 양해를 구하면 됩니다. 적당한 예절을 익혀 두면 좋겠죠. 진심은 통하는 법입니다.

사람들은 대개 얻는 것보다 잃는 것에, 이익보다 피해에 민감합니다.

베풀고 용서하는 것은 스스로를 위한 일이기도 합니다.

누구에게나 늘 받는 것보다 더 많이 베푸는 마음가짐은 갈등이 생겼을 때 이를 더 쉽게 풀고, 더 빠른 이해를 얻어 낼 것입니다.

그럼에도 힘든 시절 회복되지 않는 관계, 잃어버린 공간이 있다면, 과감하게 떠나보냅시다. 처음부터 여러분이 머물 곳이 아니었을 것입니다.

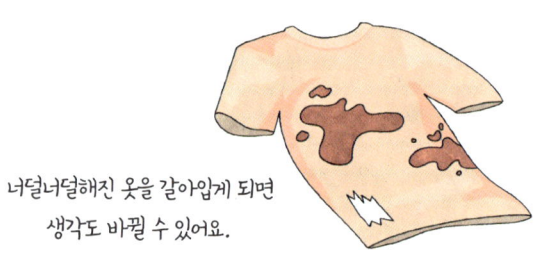

너덜너덜해진 옷을 갈아입게 되면
생각도 바뀔 수 있어요.

물론 지금 입고 있는 누더기를 버리고, 언젠가 나에게 맞는 새 옷을 입게 되었을 때 생각이 바뀔 수는 있겠지요.

그런데 혹시, 지치고 힘들 때 찾고 싶은 사람도 공간도 떠오르지 않나요?
여러분의 1순위 아지트는 아직 여러분의 인생에 등장하지 않았을 수 있습니다.

여러분이 미래에 꿈을 펼칠 일터, 혹은 평생 함께할 동반자가 그곳일 수 있으니까요.

어쨌든 지금 몸과 마음이 모두 온전히 쉴 수 있는 나만의 아지트를 확보해 둘 필요가 있습니다.

확실하고 다양할수록 좋습니다.

온전한 휴식은 누구에게나 필요합니다.

어느 정도의 투자와 지출이 필요할 수도 있고, 인내와 고통의 시간이 소요될 수도 있을 것입니다.

하지만 나를 위해 꼭 필요한 일이겠죠.

5.
소확행(小確幸)

일상에서 느낄 수 있는 작지만 확실한 행복 또는 활동을 의미하는 '소확행(小確幸)'이라는 단어, 기억하시나요?

행복을 위해 많은 것이 필요하지는 않죠.

웰빙(Well-being), 욜로(YOLO) 등과 더불어 미래의 가치보다 현재의 행복을 추구하는 사회적 분위기를 타고 수년 전에 유행했던 개념입니다.

지금은 다소 유행이 지난 것 같은 이 소확행을 다시 이야기하는 이유는 여기에서 두 가지 의미를 찾을 수 있기 때문입니다.

첫 번째는 소확행이 정신적인 안식처가 될 수 있다는 점이고, 두 번째는 연속성 있는 '나'를 유지하고 회복하는 데에 도움이 된다는 것입니다.

관계를 맺고 유지하는 데에는 어느 정도 일관성이 요구됩니다. 만날 때마다 절망에서 환희까지 극과 극의 기분 상태를 보여 주는 사람은 부담스러울 수밖에 없을 테니까요. 아주 가까운 사이라도 어렵습니다.

늘 최선의 상태를 보여 주기 위해 노력해야죠.

어렵고 불편한 만남이나 모임을 늘 피하면서 살지 않으려면, 우리 스스로도 어느 정도 컨디션을 끌어 올리고, 기분 전환을 하는 방법을 익힐 필요가 있습니다.

간단하지만 확실한 활동을 통해 가라앉았던 마음을 업(Up) 시키고, 혹은 들떠 있던 마음은 가라앉히면서, '보통의 나'로 회복하는 것, 소확행이 효과적인 방법이 될 수 있습니다.

스스로 회복할 수 있는 '회복 탄력성'은 행복을 위해 중요하죠.

여러분의 소확행, 어떤 것이 있나요?
한번 천천히 생각해 볼까요?
거창할 필요는 없습니다.
푹신한 소파에 누워 잠시 좋아하는 음악을 들어 보는 것은 어떨까요?

간단하지만 기분 전환이 확실히 되는 그런 활동으로 산책도 좋습니다.

강아지를 키우시나요? 매일매일 강아지와 함께하는 30분 산책도 사소하지만 확실한 행복일 수 있죠.

북적이는 시장 골목, 나만 아는 떡볶이 가게에서 떡볶이 한 컵 어떨까요?

구수한 사장님의 환대는 보너스입니다.

나를 위해 작은 선물을 준비해 보는 것도 좋습니다.
작지만 확실한 행복을 위한 활동들도 다양할수록 좋겠죠.

한번 해 보시니 어떠신가요?

스스로도 자연스럽고, 남들도 편하게 느끼는 여러분의 모습에 가까워지나요?

여러분의 성격에 맞는 자연스러운 상태를 찾아 봅시다.

사람들에게 어느 정도 밝고, 어느 정도 친절한 것이 좋을까요? 어떤 사람은 평생 웃고만 살 수 있을 것처럼 보이는데, 혹시 여러분은 사소한 갈등이나 놀림에도 촉각이 곤두서고 표정이 굳나요?

모두가 늘 웃는 낯으로 살 수는 없죠. 대신 사람 사이의 관계에서 발휘할 수 있는 여러분의 강점이 있을 겁니다. 중요한 건 진심이죠. 어쩌면 더 섬세하게 배려할 수 있는 능력을 타고났을 수도 있습니다.

스스로에게도 편안한 최선의 모습을 보여 주세요.

여러분의 따뜻한 진심을 보여 주세요.

인간 관계가 어려운 건 여러분뿐만이 아니에요.

혹시 마주하는 사람들이 여러분을 불편해하는 것 같나요? 인간관계는 늘 어렵습니다. 다른 사람들도 마찬가지입니다. 나와 상대에게 편안한 예의범절을 어쩌면 평생 연마해 나가야 할지도 모릅니다.

때로는 실패하겠지만, 계속 노력하다 보면 상대방도 여러분의 진심을 알아줄 것이고, 더 이상 많은 노력을 기울이지 않아도 여러분의 마음을 전달할 수 있게 될 것입니다.

이윽고 여러분의 터전은 더 단단하고 비옥해지겠죠.
<u>스스로</u>를 아끼고, 타인도 나처럼 아낀다면 말이죠.

서툴렀던 관계들도 점차 두터워질 거예요.

Chapter 3.

(사랑)

1.
감정의 의미: 진짜 감정과 가짜 감정

각자의 영역에서 뿌리를 내리고, 양분을 공유하며 자라나는 식물들과 인간의 다른 점 중 하나는 바로 '감정'입니다.

식물들도 감정을 느낀다는 주장도 있어요. 책의 주제는 아니니까 넘어가기로 해요, 우리.

누군가에게 끌리고, 설레고, 원치 않는 일을 겪게 되면 슬퍼하고, 또 화가 나기도 하죠. 문득, 초등학교 1학년 국어 수업 시간에 배웠던 감정에 대한 이야기가 떠오릅니다.

슬프거나 화날 일 없는 로봇이 되길 바라는 어린 소년에 대한 내용이었는데, 안타깝게도 이제는 결말이 잘 기억나지 않습니다.

감정이 없는 로봇은 동화와 소설의 오랜 단골 소재입니다.

아마도 인간에게 감정이 얼마나 소중한지, 또, 감정을 느끼지 못하면 삶이 얼마나 밋밋할지, 이런 교훈이 뒤를 이었겠죠.

당시의 로봇 이야기는 잘 떠오르지 않지만, 감정을 못 느끼는 삶이 얼마나 당혹스러울지는 조금만 상상을 해 봐도 알 수 있습니다.

커피가 아닌 까나리액젓을 마셔도, 주머니 속 지갑을 소매치기 당해도 언제나 웃고 있는 내 모습…. 떠올려 보면 조금 이상하죠?

세상사 뭐든 다 좋을 수만은 없겠죠.

나에게 좋은 것은 무엇이고, 나쁜 것은 무엇인지 알려주는 것. 감정의 주요 기능이기도 합니다. 그러니까, 나의 감정을 잘 살피는 것은 곧 나의 행복과 직결될 수도 있는 것입니다.

감정의 크기는 대상의 중요도를 반영하기도 합니다.

하지만, 내 마음속을 자주 들여다보지 않으면, 이런 감정을 느끼는 것에도 점점 무뎌지게 됩니다. 어린 시절에 들었던 그 이야기 속 로봇처럼 말이죠.

진짜 내 감정이 무엇인지 파악하기 어렵게 되고, 현재 일어나는 가짜 감정이 내 진짜 감정이라고 착각하게 되기도 합니다.

감정에도 가짜 감정이 있다고요? 그럼요.

내 진짜 감정은 무엇인지 잘 살펴보아요.

당혹감을 숨기기 위해 버럭 화내기, 좋아하는 감정이 들킬까 쌀쌀맞게 대하기, 분위기를 맞추기 위해 일단 함께 웃고 보기. 살다 보면 으레 직간접적으로 보고, 겪게 되는 상황들입니다.

혹시, 익숙하신가요?

모멸적인 상황으로부터 나를 지키기 위한 방어 기제로써, 혹은 사회생활을 위한 처세술로써 가짜 감정을 이용하기도 하는 것이죠.

원만한 사회생활을 위해서도 대외적 나와 진짜 나를 일치시켜 나가는 것은 중요합니다.

이렇게 만들어진 감정은 종종 상대방뿐만 아니라 나에게도 경직감이나 피로감, 우울, 분노 등 이차적인 감정을 야기하고, 관계를 망치는 주범이 될 수 있기 때문에 주의가 필요합니다.

있는 그대로가 가장 자연스럽죠.

진짜 감정과 가짜 감정을 구분하지 못하고 내버려두면, 조금씩 자라난 이런 후유증과 같은 감정 때문에 곤혹스러워질 수 있습니다.

그러니까, 우울증이나 무력감, 혹은 어떤 심리적 문제를 겪고 계시다면, 가짜 감정 때문에 진짜 감정을 잃어버렸던 것은 아닌지 꼭 따져 볼 필요가 있습니다.

현재 대외적인 나의 모습이 현재 나의 내면의 표현이 아닐 수도 있고, 내가 종사하고 있는 직업이나 진로가 사실은 내가 꿈꿔 오던 나의 미래와는 거리가 멀 수도 있습니다.

작은 나를 지키기 위해 만든 가시들….
물론 때로는 필요할 수도 있습니다.

늘 나 자신에게는 솔직해질 필요가 있습니다.

내가 성내고 있는 것이 사실은 감추고 싶은 내 열등감 때문은 아닌지, 내가 웃고 있는 것이 부당함을 애써 외면하기 위함은 아닌지 살펴봐야죠.

여러분이 웃고 있는 것은 즐거워서인가요,
아니면 위기를 모면하기 위해서인가요?

감정도 늘 이성의 통제하에 정제 과정을 거칠 필요가 있습니다. 마구 날뛰어 감당하기 어려운 감정은 대개 가짜 감정일 가능성이 높다는 사실도 알아 두시면 좋습니다.

때때로 진짜 감정을 알아차리는 것은 많은 용기를 필요로 합니다. 그것을 표현하는 것은 더 어려울 때가 많죠.

감정을 다루는 데에도 연습이 필요합니다.

그 맹렬하고 사나운 감정이라는 동물을 꼭 붙잡아 내 것으로 만들어 봅시다.

2.
감정 끌어내기

실제로 많은 사람들이 어린 시절 읽었던 이야기 속 로봇처럼 내면을 외면하고, 감정에 무뎌진 채로 살고 있습니다.

감정이 사치라고 느끼며 사는 것처럼 보이는 사람들,
주변을 둘러보면 의외로 많을지도요.

당장 출근해야 하고, 시험 준비를 해야 하고, 사람들을 만나야 하니까요. 내 마음 돌볼 여유가 무한하지는 않죠.

실연의 기억, 가정이나 친구 간의 불화, 또 우연히 겪게 된 부당한 대우로 인한 상처는 종종 표현의 기회를 얻지 못하고 마음 깊숙이 저 구석으로 밀려납니다.

혹시 가슴 속에 케케묵은 감정의 찌꺼기는 없나요?

그리고 조금씩 영혼을 갉아먹거나 비슷한 상황을 마주했을 때 이른바 '가짜 감정'을 만들어 내어 나를 보호하게끔 유도할지도 모릅니다. 같은 위험을 피하기 위해서요.

왜인지 모르게 무기력해지고, 우울감을 느끼고, 일상의 톱니바퀴들이 헛도는 것 같다면, 마음속에 돌처럼 딱딱해진 응어리가 있지는 않은지 잘 살펴보세요.

마음속 돌덩이들 하나하나 꺼내 보아요.

일주일 전 억울했던 기억….
한 달 전 수치스러웠던 순간….
일 년 전 잊고 싶었던 그 사람들….

기억들을 꺼내 봐도 별다른 감정이 들지 않나요?
아니면 혹시 심장이 두근거리고, 불안해서 견디기 어렵지는 않으신지요?

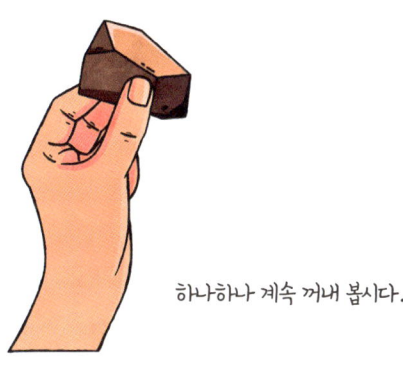

하나하나 계속 꺼내 봅시다.

너무 힘들다면 다시 넣어 둡시다. 여러분의 현재 자신이 그 무엇보다 소중하니까요.

대신 이런 방법은 어떨까요?
이목을 끄는 영화나 드라마를 찾아 봅시다. 소설책, 좋습니다. 자꾸 듣고 싶은 음악은 없나요? 가사를 한번 음미해 보세요. 현재 마음속에 떠오르는 그것, 시를 한 편 써 보는 건 어떨까요?

한번 눈물 쏙 빼고 나면 후련해지지 않을까요?

비슷한 아픔을 겪은 주인공에 감정 이입해 보고, 노래 속 가사가 마음속을 간질이진 않는지 귀 기울여 보세요. 알아채지 못한 응어리가 반응해서 눈물과 함께 녹아내릴지도 모릅니다. 어쩌면 한 편의 시를 완성한 그 순간, 모든 돌덩이들이 허공으로 승화할지도요. 감정을 있는 그대로 알아채는 것만으로도 때로는 많은 문제가 해결됩니다.

많이 억울했구나….
혼자 많이 힘들었겠구나….

내면의 상처받은 아이를 다독여 주세요.

마음과 함께 몸도 가뿐해지며, 새로 출발하고 싶은 에너지가 느껴질 겁니다.

몇 가지 주의할 사항이 있습니다.
마음 구석에 있던 그 감정을 알아차리고 흘려보내는 것이 목적이지 그 감정을 부여잡고자 하는 것이 아니라는 것, 그리고 '우울'이라는 감정은 늘 경계할 필요가 있다는 점입니다.

우울감은 전염성이 강하고, 증폭되기 쉽습니다.
그러니까, 우울을 주제로 삼고 있는 예술 작품이 오히려 우울한 감정을 깊어지게 할 수 있습니다.

어떤 감정에 자꾸 빠져들고 있지는 않은지 주의가 필요합니다.

이는 오래 전부터 여러 심리학자들이 강조해 온 내용입니다.

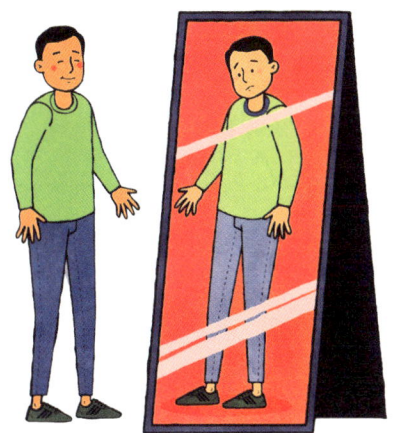

잊고 있었던 그 감정, 이제 놓아줍시다.

우울한 노래와 영화가 심리적으로 악영향을 준다는 심리학적 견해는 여전히 논란을 안고 있는 것 같지만…. 어쨌든 어떤 감정이든 비워지지 못하고 마음속에 똬리를 틀려 한다면, 얼른 내보내는 것이 좋겠죠?

3.
채움으로 비워 내기

'감정(感情)'의 사전적 뜻풀이를 찾아 보면, "어떤 현상, 일에 대해 일어나는 마음" 등으로 나와 있습니다. 감정을 뜻하는 영어 단어 'Emotion'도 그 어원이 비슷합니다.

마음이 비어 있어야 감정이 잘 일어나요.

기쁜 일에 기뻐하고, 슬픈 일에 슬퍼하려면 마음은 늘 비워져 있어야 합니다. 마음속에 즐거운 감정이 가득 차 있어도, 노여움이 계속 일어나도, 외부의 사건에 마음이 적절히 감응(感應)하지 못할 테니까요.

필요하다면 화끈하게 축배를 들고, 아직 괴롭다면 충분히 애도할 시간을 확보해야겠죠.

기쁘고 즐거운 이 기분도 결국 보내 줘야죠.

그렇게 다시 평상심(平常心)을 회복하는 겁니다. 때로는 부정적인 감정이 너무 강력하고 거대해서 떨쳐 내기 어려울 수 있습니다. 딱딱하게 굳어 버려서 어떤 영화나 음악으로도 좀처럼 녹지 않을 때도 있겠죠.

어쩔 수 없네요. 그럴 때는 마음속에 좋은 감정을 일으키는 것들을 계속 집어넣어 봅시다.

마음속을 어지럽히는 강력한 그것,
좋은 것들을 채워 넣으면 희미해지겠죠?

SNS에서 여러 가지 버전으로 유행했던 동영상이 있습니다. 영상에서 한 어머니가 어린 자녀를 앞에 두고, 유리컵 속 오염된 물을 어떻게 깨끗하게 만들 수 있을지 물어봅니다.

정답은 무엇일까요?

물을 다시 깨끗하게 만드는 방법….
정답을 찾으셨나요?

깨끗한 물을 컵에 계속 붓는 것입니다. 혼탁해졌던 물이 흘러넘치기 시작하고, 컵 안의 물은 점차 맑아집니다. 오염된 물은 부정적인 감정이 지배하는 마음에 대한 비유가 되고, 그럼 새로 담는 물은 곧 긍정적인 활동과 감정을 의미하겠죠.

마음을 굉장히 직관적으로 잘 표현한 실험이라고 생각합니다.

"좋은 일이 가득!"

오염원을 제거하는 데에 집중하는 것보다 마음을 정화시키는 활동, 행복감을 이끌어 내는 새로운 사건들이 훨씬 더 효과적일 수 있다는 사실을 보여 주니까요.

다양한 예술 작품을 활용하여 딱딱해진 응어리 풀어내기, 혼탁해진 마음은 새로운 긍정적인 감정으로 채워 넣기.

이런 다양한 전략을 활용하여 마음을 잘 가꿔 봅시다.

잘 가꾸고 물을 주면 마음 그릇도 점점 커질 거예요.

4.
만남과 연대. 에너지의 등가 교환

여러분의 감정 다루기, 좀 익숙해지셨나요?

여러분의 마음은 여러분의 것.

평생 보살펴야 할 나의 마음이니 너무 조급해질 필요는 없습니다. 하지만 조금 더 적극적으로 운용해서 나쁠 것도 없죠.

어떤 활동이 나의 긍정적인 감정을 이끌어 내나요?

만날 때마다 내 마음에 먹물을 뿌려 대는 사람은 없나요? 긍정적인 사람을 만나면 우리도 긍정적으로 변하기 쉽고, 부정적인 사람은 우리에게 부정적인 감정을 전염시키기 쉽습니다.

여러분은 어떤 쪽에 가깝나요?
긍정적인 편인가요?
부정적 에너지를 발산하고 계시지는 않나요?

우리의 마음은 서로 영향을 주고받으니까요.

눈물을 흘리는 주인공과 함께 울어 본 기억, 모르는 사람과 함께 어깨동무하고 승리의 기쁨을 나눴던 기억, 다들 갖고 계시죠?

좋은 에너지를 가진 사람들과 교류하고, 연대 의식을 쌓아 나가는 것은 목표의 달성, 직업적 성취에도 좋은 연료가 될 것입니다.

멀리 가려면 함께 가라는 말도 있다죠?

여러분과 비슷한 가치관을 갖고, 같은 목표를 공유하는 사람들을 찾아 보세요. 혼자서는 어려워도, 함께하면 쉬운 일들이 있습니다.

정직과 신뢰는 그들과 여러분을 끈끈하게 이어 주는 접착제가 될 것입니다.

여러분의 호의도 누군가에게 큰 위로가 될 수 있어요.

때로는 낯선 환경, 낯선 장소를 찾아 보세요. 아무런 사심이 담기지 않은 낯선 이의 호의와 배려가 꺼져 가는 여러분의 마음속 불씨를 다시 일으켜 줄지도 모릅니다.

어떤 계산이나 친분도 관여하지 않은 순수한 감정과 온기…. 곧 사랑이죠. 예전에는 '정(情)'이라는 단어로도 많이 통했습니다.

Chapter 3. 사랑 103

물론, 늘 좋은 에너지를 주는 사람만 만나며 살 수는 없습니다.

나에게서든 타인에게서든
보고 싶지 않은 모습들,
가끔은 눈감아 줍시다.

따지고 보면, 여러분도 24시간 좋은 기운만 발산하지는 않을 거예요. 하지만 누군가의 부정적 감정, 비난, 시기와 같은 것들이 여러분의 마음에 타격을 입힌다면, 조금 거리를 둘 필요가 있겠죠.

가짜 감정으로부터 진짜 감정을 잘 가려내어 정중하게, 또 때로는 따끔하게 상대방에게 잘 전달할 필요도 있습니다.

아침 드라마 속의 자극적인 장면들은 잊읍시다.

이성의 통제를 받는 진짜 감정이 현명한 판단과 행동을 이끌어 낼 것입니다. 조금의 용기와 연습을 필요로 할 수는 있겠지요. 처음에는 실패할 수도 있지만, 괜찮습니다. 다 그런 거죠.

주위에 많이 지쳐 보이는 사람은 없나요? 여러분의 일터를 찾아온 새로운 손님의 감정은 어때 보이시나요?

목마른 이에게 물컵을…. 간단한 원리입니다.

여러분의 마음 그릇을 잘 관리하셔서 호의를 베풀어 보세요. 조그마한 배려라도 좋습니다. 그것이 상대방과 여러분 사이의 연대감을 강화하고, 사람에 대한 이해를 넓혀 줄 것입니다.

5.
사랑, 인류애(人類愛)

우리는 모두 어딘가에 연결되어 있어야 합니다. 인간이든 신이든 아니면 대자연과 같은 관념적 개념이든 간에 말입니다. 단순히 삶의 터전을 누리고 공유하는 것만으로는 충분하지 않죠.

모든 것으로부터 동떨어진 이질적인 존재로서의 삶을 평생 버틸 수 있는 사람은 아마 없을 겁니다.

인간과 바위의 차이가 보이시나요?

득도하기 위해 수행하는 이가 아니라면, 우리는 대개 유대감을 나눌 사람을 만나고, 애정을 교환하며 살게 될 겁니다. 또, 그럴 수 있는 사람을 필요로 하게 되겠죠.

고독을 벗 삼는 수행자라도, 마음속에 연결된 사상이나 신은 있기 마련입니다.

어떤 사람들과 어떤 방식으로 얼마나 자주, 얼마나 오래 교류를 하며 살아갈지는, 역시 스스로 답을 찾고 만들어 나가야 합니다.

타인의 스타일을 살피고, 나와의 화학 작용(영어로는 Chemistry. '케미'라는 유행어 아시죠?)이 원활하게 일어나도록 잘 촉매해 봅시다.

사람마다 상황마다 다른 '케미'를 잘 만들어 보자고요.

애인과의 '케미'만큼 중요한 것도 없죠. 나에게 딱 맞는 배우자, 사랑하는 이를 찾는 것은 마음에 안정적인 땔감을 공급하는 쉬운 방법입니다.

물론 나에게 맞는 상대를 찾는 것은 쉬운 일이 아닙니다. 또 다른 에너지를 필요로 할 수도 있는 일이죠.

평생을 함께할 사람을 찾으셨나요?

그럼에도 사랑은 충분히 도전할 만한 가치가 있으며, 그 자체로 숭고한 것입니다. 많은 이들에게 인생의 목표가 될 정도로요.

여러분의 가슴을 채워 주고, 매일 새로운 열정을 피워 낼 사랑, 그것을 나눌 사람을 찾으시길 응원하겠습니다.

사랑도 쉴 수 있죠. 만인의 연인이 될 수도 있고요.
사랑 때문에 마음에 짐을 얹지는 않으셨으면 좋겠네요.

Chapter 4.

(현실)

1.
내 몸에 맞는 옷

여러분은 어떤 사람인가요?

어떤 꿈과 목표를 갖고 있고, 그것을 이루기 위한 어떤 능력을 갖추고 계신가요? 이미 오래전부터 원하던 그 직업을 갖게 되셨나요? 직접 해 보시니 적성에 잘 맞는지요?

오래전부터
꿈꿔 오던 그 모습,
현재 나의
모습인가요?

평소 성격은 어떻고, 어떤 사람을 좋아하시는지 궁금합니다. 재능이 많은 편에 해당하시는지, 평소 노력을 많이 하는 편인지도요.

여러분 스스로에 대한 이야기를 들려주세요.

어떤 조직에서 어떤 직무를 담당하고 있나요?
혼자 근무하시나요? 아니면 쉬고 계신가요?
예민한 쪽에 가까우신가요, 둔감한 쪽에 가까우신가요?
수다스러운 편이신가요? 과묵한 편에 해당하시나요?

아무리 많은 문장으로 여러분을 묘사해도,
여러분들은 그보다 더 크시겠죠.

질문이 좀 많았죠?

아무리 많은 질문을 드려도 여러분을 정확하게 설명하지는 못할 것입니다. 하지만, 어느 정도 윤곽은 그려지는 것 같네요.

타인과의 관계 속에서 혹은 사회라는 범주 안에서 우리는 타인으로부터 어느 정도 일관된 캐릭터를 부여받습니다.

활달한 사람, 내성적인 사람, 능력이 출중한 사람, 눈에 잘 띄지 않는 사람….

외모나 외모에 기인하는 특징들은 이미 어느 정도 만들어져 있죠.
그래서 할 이야기가 별로 없습니다.

그 캐릭터는 내가 만들어 가는 것이지만, 사회가 요구하는 역할에 따라, 또, 타인과의 화학 작용에 의해 다듬어지는 부분도 있습니다.

얼기설기 연결되어 있는 마음과 마음의 상호 작용 속에서 내가 편하게 느끼는 '나'의 테두리가 점차 형성되는 것이죠.

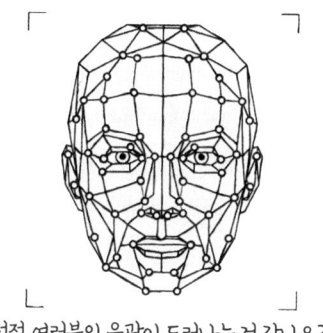

점점 여러분의 윤곽이 드러나는 것 같나요?

이런 나와 너의 테두리, 즉, '자아'는 사람과 사람 사이의 사귐에 있어 최소한의 단위가 됩니다. 서로의 캐릭터를 파악하고, 적응하고, 그에 맞게 대하면서 비로소 관계가 형성되죠.

예민한 사람에게는 세심한 배려와 정중한 예의가 필요할 수 있고, 지루함을 잘 느끼고 활달한 친구에게는 걸쭉한 농담이나 짓궂은 장난이 관계의 윤활유가 될 것입니다.

반대로 행동하면 건강한 관계가 유지되기 어렵겠죠?

가면을 쓴 모습으로 하는 연기는 오래가기 어려워요.

따라서 상대방이 어떤 사람인지 제대로 파악하고, 나는 어떤 사람인지 인식을 하는 것은 관계에 있어 매우 중요합니다. 상대방에게도 마찬가지겠죠? 따라서 내가 어떤 사람인지 타인에게 어느 정도 일관된 모습을 보여 줄 필요가 있습니다.

또, 그것이 실제 나의 모습에 잘 부합하는지도 중요해집니다.

사람이 아닌 인형과는 화학 작용이 일어나지 않아요.

자연스럽지 않은 연기는 오래 지속할 수 없을 테니까요. 다른 사람보다 내가 더 불편한 나의 모습으로는 나도 행복하기 어렵겠죠?

앗, 당신은 슈퍼 히어로! 엄청난 능력을 감춰 두고 계셨군요!

물론, 거대한 힘을 감춘 슈퍼맨이라면 이야기가 다를 겁니다. 그런 상황이라면 이해합니다. 슈퍼맨이 아니더라도 다른 사람을 위해서 실제의 '나'는 조금 감춰야 할 상황이 얼마든지 존재합니다.

나의 모습은 온전히 지키면서, 타인을 배려하기 위해서, 또 그때그때 필요한 격식에 따라 적절한 마음의 옷을 입으면서 우리는 비로소 '성숙'을 경험하게 됩니다.

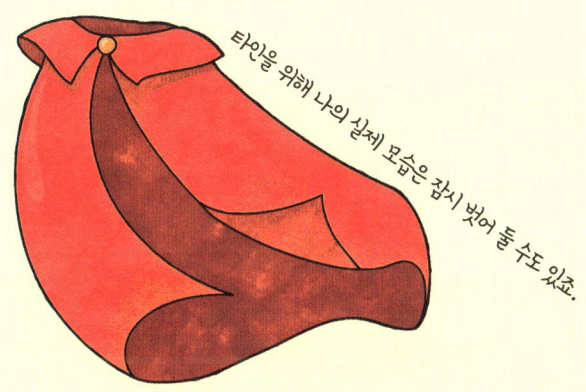

2.
나와 나의 모습 동기화

어린 시절 여러분의 모습, 기억나시나요?
지금처럼 과묵(활달)하셨는지, 그때도 영화 보기(아니면 다른 무언가)를 좋아하셨는지 궁금하네요.

그때나 지금이나 별 차이가 없었나요?

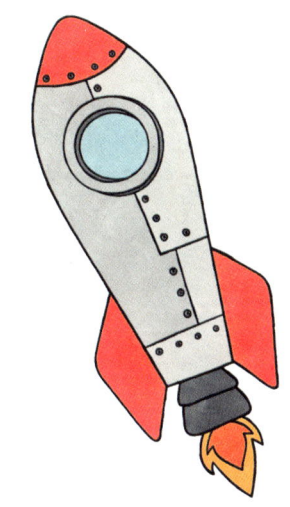

제 견해로는 과거로의 여행이 불가능하지만,
그래도 한번 상상해 봅시다.

막상 타임머신을 타고 먼 과거로 가서 내 모습을 볼 수 있다면, 지금과는 생각보다 많이 다를 겁니다.
전혀 다른 꿈을 꾸며 살고 있었을지도 모르죠.

여러분이 현재 여러분의 모습에 가까워진 건 언제부터였을까요?

사회에 첫발을 내디딘 그날, 내 모습이 완성되었을까요?

중학교 2학년? 수능을 치르고? 첫 아르바이트를 시작했을 때? 1년 전은 어떤가요? 한 달 전의 나와 지금의 나 사이에 차이는 없나요? 많든 적든, 빠르든 느리든, 우리는 사실 계속 변화하고 있습니다. 물론 연속성은 있지요. 5살의 나도, 일주일 전의 나도 모두 '나'였습니다.

하지만 현재의 '나'는 범위를 어디서부터 잡아야 할지 애매합니다. 10년 전처럼 낯을 가리지 않고, 5년 전처럼 오락을 즐기지도 않으니까요.

껍데기를 갈아입으며 성장하는 바닷가재 이야기를 아시나요?
바닷가재는 이론적으로 무한정 살 수 있지만,
어느 시점이 되면 더 이상 탈피하지 못하고
껍데기에 갇혀 생을 마감한다고 합니다.
인간은 더 이상 마음이 성장할 수 없을 때
죽음을 준비하게 되는 게 아닐까요?

그래서 이따금씩 나의 테두리가 '나'에게 맞는지 점검하고 조정할 필요가 있습니다. 성장한 내 마음의 사이즈에 맞는 새 옷을 입는 거죠. 입장을 바꿔서 타인에게도 늘 새로운 옷을 입을 수 있는 여유를 주는 게 좋겠죠.

언제나 분석당하고, 똑같은 모습을 강요당하는 것을 즐기는 사람은 없을 것입니다.

"너답지 않게 왜 그래?"
"나다운 게 뭔데?"

서로가 서로에게 길들여지는 것도 중요하지만, 서로의 모습을 있는 그대로 보고 받아들이는 태도야말로 오랜 관계의 열쇠일 수 있죠.

가끔 가까운 이들로부터 받은 상처로 인해, 실패의 좌절 때문에 오랫동안 마음의 갑옷에 갇혀 있는 사람을 볼 수 있습니다.

몸과 함께 마음도 성장했을까요?

더 이상 성장하거나 나아가지 못하고 그대로 멈춰 있는 거죠. 여러분에게도 일어날 수 있는 일입니다. 때로는 그럴 수도 있죠. 인생의 목표가 오직 성장이어야 할 이유는 없습니다.

기왕이면 취미 생활을 즐겨도 보고, 좋아하는 활동에 흠뻑 빠져도 봅시다.

어떤 놀이에 새로운 재능을 찾으셨나요? 재능이 없어도 충분히 즐길 수 있습니다. 즐기다 보면 뭔가 또 새로운 인생의 의미를 찾을 수도 있을 것입니다.

제대로 즐길 줄 아는 분이셨군요!

즐길 줄 아는 삶, 오! 좋습니다. 그러다 입고 있는 옷이 답답해지면, 이제 또 옷을 갈아입을 준비를 하면 됩니다.

언젠가는 날개가 돋아나기를….

혹시 주변에 탈피를 하지 못해 끙끙대는 친구가 보이지는 않나요? 천천히 여유를 갖고 지켜봐 줍시다.

자신의 모습에 딱 맞는 새 옷으로 갈아입는 일은 결국 각자의 몫이라는 걸 잊지 맙시다.
그 누구도 대신해 줄 수 없다는 것을요.

3.
나의 위치, 나의 나이

해가 바뀌면서 나이를 먹는 게 실감되시나요?

젊음과 나이 먹음의 교집합이 뭘까 생각하다가 술이 떠올랐습니다.
지나친 음주는 건강에 해롭습니다.

이제는 소주 두 병 정도도 거뜬하신가요? 아니면 밤늦게 놀기 부담스러울 정도로 체력이 줄어드는 게 느껴지시나요?

한창 힘 솟을 시기에는 나이 한두 살 먹는 게 별로 실감나지 않으시겠죠.

한창 청춘의 시기를 보내면서 나이를 먹는 것을 느끼기는 어려울 것입니다. 늙는다는 게 무엇인지 공감이 잘되지 않으시겠죠.
그나마 조금 와 닿으실까 하여 술을 예로 들어 봤습니다. 사실 음주를 그리 즐기는 편은 아닙니다.

건강에는 차이를 느끼지 못하셔도 한 해 한 해 지나면서 주변 사람들의 여러분에 대한 기대, 태도, 말투와 같은 것들이 바뀌는 것은 느껴지시지 않는지요?

번데기에서 완전히 액체로 분해되었다가
새로운 모습으로 재탄생하는 나비 이야기는
언제 들어도 신비롭습니다.

매일 술자리를 찾으며 잠은 언제 자는지 궁금했던 친구가 어느 날부터인가 독서실에서 나오지를 않는다거나, 어리숙하게만 봤던 후배가 모임의 리더 역할을 당당히 수행하는 이런 변화가 혹시 포착되지는 않나요?

신입생 시절의 태도와 취업 준비생의 마음가짐은 다르겠죠. 달라야 할 거고요.

우리는 시기에 따라 소속된 집단에 따라 어떤 역할을 부여받기도 하고, 또 다음 스테이지를 위해 스스로 행동 양식을 변경하기도 합니다.

대한민국이 유독 나이에 걸맞은 행동과 요건을
강요한다는 주장도 있기는 합니다.

나의 위치와 지위에 어울리는 옷이 무엇인지를 파악하고, 적합한 역할을 수행하는 것 역시 중요해지죠.

사회적 성공, 또는 내가 이루고자 하는 목표를 위해서요.

목표에 적합한 도구와 능력, 계획이 필요합니다.

내가 스스로 부족한 부분을 채우기 위해, 혹은 미래에 필요할 능력을 갖추기 위해 때로는 보편적이지 않은 방식을 택할 수도 있습니다.

소위 스펙을 쌓기보다 해외여행을 하기로 결정할 수도 있고, 아무도 배우지 않는 중동 국가의 언어 공부를 시작할 수도 있는 것이죠.

나만의 길을 걷는다는 것이 생각보다 외로울 수 있습니다.
하지만 때로는 필요할 수 있죠.

그것이 '일반적'이지 않을수록 불안감에 휩싸일 수 있습니다. 또, 주변의 반발이 있을 수 있겠죠. 그럴수록 자기 자신에 대한 철저한 분석과 확신이 필요할 것입니다.

*여러분이 스스로에 대해 갖고 계신 편견,
그것을 깨부숴야 할 수도 있습니다.*

때로는 과감함이 요구되죠.
조금 아플 수도 있습니다.
남들에게 예기치 못한 오해를 살 수도 있고요.

이 모든 것에도 불구하고, 이제는 변해야겠다는 확신이 드시나요?

그렇다면 이제 알을 깨고 밖으로 나갈 시간입니다.

전 세계에 단 하나의 유일한 존재, 바로 당신!

잊지 마셔야 할 것은 여러분은 이 세상에서 유일한 존재라는 것입니다.

여러분을 가장 잘 알아야 할 이는 여러분이고, 스스로의 선택에 책임을 질 준비가 되어 있어야 합니다.

4.
전쟁터에서 살아남기

이제 막 번데기를 찢고 나는 나비가, 알을 깨고 바다를 헤엄치는 거북이가 모두 살아남아 온전히 성장하는 것은 아닙니다.

한 연구에 따르면, 갓 부화하여 생존에 성공하고 성체로 자라나는 거북이는 겨우 1% 남짓이라고 해요.

세상에 던져지는 순간, 새와 상어 떼의 공격, 비바람과 파도라는 위험에 맞닥뜨리게 되죠. 죽음에 대항하여 '생(生)'이라는 목표를 향한 전쟁이 시작됩니다.

인간도 마찬가지입니다. 곤충, 짐승들보다야 상황이 낫겠지만, 고등 동물, 만물의 영장답게 더 고차원적인 생존 경쟁을 해야 합니다.

청년기는 특히 절정기라 할 수 있습니다.

취업 경쟁에서 살아남아야 하고, 취업 후에도 평가가 이어집니다. 끝없이 자신의 가치를 증명하고, 능력을 개발해야만 합니다.

짐승들에 비해 죽음에서 조금 더 멀리 떨어져 있을 뿐, 하루하루가 전쟁인 것은 똑같죠.

매일 음식을 먹고, 소화하고, 배설하는 것, 세포 단위에서의 물질대사, 사회적으로 돈을 벌고 지출하는 활동 모두 '항상성'을 유지하기 위한 일종의 전쟁입니다.

모든 생명체는 '항상성'을 유지하기 위해
끊임없는 전쟁을 벌이고 있습니다.

길가의 나무들과 숲속의 풀벌레들이 매일 벌이고 있는 전쟁과 본질적으로 다르지 않죠.

삶은 원래 힘겹고, 고통스러운 게 맞습니다.

따라서 지금까지 무사히 삶의 단계들을 거쳐 온 여러분은 충분히 박수를 받을 만합니다.

지칠 때,
내가 하염없이 작게만 느껴질 때,
스스로를 토닥여 주세요.
충분히 잘해 왔습니다.

시련이 찾아온다면, 다시 또 극복해 내실 수 있을 것입니다. 때로는 실패할 수도 있겠죠. 버티고 기다리다 보면 기회는 또 올 겁니다.

전쟁터에서는 아군이 많을수록 좋습니다. 여러분이 믿고, 때로는 도움을 청할 수 있는 사람이 있다면 살아남기가 더 수월해지겠죠.

마음속에 떠오르는 사람들이 있나요?

그들은 어떤 이유로 여러분을 도울까요? 가족이라서? 믿을 만한 친구라서? 여러분께 도움을 많이 받았기 때문에?

어디까지 도와줄까요?
얼마나 도움을 요청할 수 있다고 생각하시나요?

사람은 누군가를 돕는 데에서 기쁨을 느끼기도 하지만, 능력과 여건을 벗어나는 부탁에는 부담감을 느끼기 마련입니다.

누군가에게 적절한 수준과 성격의 도움을 구했을 때 관계의 윤활유가 될 수도 있지만, 그 수준을 넘어서는 부탁은 관계를 멀어지게 만들 수도 있다는 뜻이죠.

부담 없는 도움의 요청이 관계를 돈독하게 만들 수도 있다는 사실,
알고 계시죠?

제안을 드리는 방법은 늘 도움을 받기보다 주는 것, 더 많이 돌려주는 것에 신경을 쓰는 것입니다.

앞에서도 비슷한 이야기를 한 적이 있지만, 사람은 늘 이익보다 손해를 민감하게 받아들이는 경향이 있습니다. 공평한 관계에서도 늘 손해를 입는 것처럼 느낄 수 있다는 것이죠.

남의 떡이 커 보이는 것은 매우 보편적 현상이기 때문에 속담도 전해져 내려오는 것이겠죠.

타인에게 내가 늘 손해를 본다는 마음가짐으로 대하면, 적어도 상대방이 나에게 섭섭해질 일은 거의 없을 것입니다.

늘 베풀기 위해 노력해도 때로는 감당하기 힘들 정도로
큰 도움을 받게 될 수도 있습니다.

물론 살다 보면 도움을 더 많이 받고, 은혜를 입을 일이 생기기 마련이죠. 감사함을 표현하고, 고마움을 잊지 맙시다.

언젠가는 뭔가를 돌려드릴 수 있는 날이 올 거예요.

5.
내가 그를, 그가 나를 좋아하는 이유

미국의 조직 심리학자 애덤 그랜트는 호혜적 관계에서 주로 베푸는 사람을 의미하는 기버(Giver)와 주로 받는 사람을 의미하는 테이커(Taker), 받은 만큼 주는 사람을 의미하는 매처(Matcher)로 사람들을 구분했습니다.

보통 베푸는 사람은 계속 베풀려 하고,
이득을 취하려 하는 사람은 계속 이득을 취하려 하더라는 것이죠.

장시간 사람들을 관찰해 보니, 어느 정도 일관된 경향으로 나타났던 특징이었던 것이죠.

사회에서 성공하고, 중요한 직위에 있는 사람들은 어떤 성향을 가지고 있었을까요? 또 낙오하고 실패하는 사람들은 어떤 유형이었을까요?

늘 베풀기만 해서 성공할 수 있을까요?

놀랍게도 양 극단에서 가장 높은 비율을 차지하는 유형은 바로 베풀기를 좋아하는 사람, 기버였다고 합니다.

나의 몫을 챙기기보다 남을 먼저 배려하는 이런 성향이 당장 생존에 불리하게 작용하기도 하지만, 사회와 구성원들을 이끄는 리더에게는 중요한 덕목이 되었던 거죠.

착취하기만 하려는 리더는 결국 팀원들로부터 신뢰받지 못할 것이고, 리더의 자리를 위협받게 될 것입니다.

특강 매체인 테드(Ted)를 통해 강연이 전 세계로 방영되면서 널리 알려진 내용입니다.

이미 들어 보신 분들, 많이 계시죠?

똑같은 특성을 공유하면서 낙오자와 사회적 리더라는 서로 다른 결과가 나타난 것은 어떤 차이 때문이었을까요?

운 좋게 대박이 나는 상상 한 번 안 해 본 사람 거의 없겠죠.
하지만 행운만 바라며 사는 사람의 말로는 정해져 있습니다.

운? 중요하죠.

모든 일의 성패는 운에 달려 있다는, '운칠기삼(運七技三)'이라는 말도 있으니까요.

하지만 운은 내가 어떻게 할 수 있는 게 아니기 때문에 딱히 할 이야기가 없습니다.

운을 제외하고, 타인을 먼저 배려하고자 하는 사람들의 성패를 가른 중요한 덕목 중 하나는 아마 분별력이었을 것입니다.

나를 착취할 사람에게 무한정 베풀지 않는
약간의 분별력 정도면 충분할 것입니다.

내가 지켜 주려 하는 이 사람이 그럴 만한 사람인지, 아니면 언제든지 배신을 하고 나를 착취할 준비가 되어 있는 사람인지 가려내는 분별력 말입니다.

늘 주고자 하는 사람이라면, 상대방이 어떤 사람인지 가리기 위해 많은 능력을 더 필요로 하지는 않을 것입니다. 호의가 계속되면 권리인 줄 아는 것이 이기심의 속성이니까요.

잘 판단해야 하고, 때로는 단호해져야 합니다.

조금의 관찰력, 적당히 거리감을 둘 줄 아는 예의와 약간의 경계심 정도만 있으면 될 것입니다.

그런데 사람을 한 가지 조건만으로 구분할 수 있는 것은 아니죠. 사회적 성공을 중요시하는 사람, 가정의 평화에 더 가치를 두는 사람…. 소수라도 깊은 관계를 중요시하는 사람, 얕지만 넓은 관계를 선호하는 사람…. 다양한 각도로 분석과 분류를 하는 것이 가능할 것입니다.

**여러분은 어느 쪽에 속해 있나요?
친숙한 무리가 있나요?**

여러분이 만나는 사람들, 특히 가까운 사람들은 어떻게 분류될 것 같으신가요?

또, 멀리하는 사람들은 어떻게 분석을 하시나요?

어떤 이유로 그들을 좋아하시고, 저들은 싫어하시나요?

막연했던 느낌을 하나씩 구체화해 봅시다.

한 번씩 여러분을 둘러싼 세계를 구체화해 봅시다. 잠시 잊고 업데이트할 여유도 가지면서요.

여러분 주변 사람들을 잘 파악하고, 변별해 나가는 것은 곧 여러분의 사회 생존율을 높이고, 여러분의 삶을 더 짜임새 있게 만들어 줄 것입니다.

여러분의 능력에 대한 구성원들의 기대가 느껴지시나요?

또, 여러분이 좋아하는 그 사람들의 가치관들은 여러분이 더 나은 사람이 되고자 하는 마음의 자극제가 될 것입니다.

마지막으로 제 얘기를 잠깐 해 드리자면, 저는 사람과 사람 사이에 신뢰가 있기를 바라시는 분들, 사랑, 꿈, 영원한 가치를 믿으시는 분들, 내일은 오늘보다 더 나은 사람이 되기를 희망하시는 분들이 제 책을 좋아하셨으면 합니다.

그런 독자 분들을 위해 제가 더 나은 책으로 다시 또 찾아뵐 수 있게 되기를 희망합니다.

여러분의 보다 나은 내일을 응원합니다.

에필로그

한의원에서 진료하면서 긴 방황의 터널을 지나고 있는 젊은 환자분들을 마주할 때가 종종 있습니다.

저 역시 힘든 20대를 보내고, 이제 40대를 앞두고 있는 한의사로서, 그리고 인생을 조금 더 많이 산 선배로서 도움이 될 만한 이야기들을 해 드리고 싶을 때가 많았습니다. 하지만 진료실에서의 여건에는 늘 제약이 따릅니다.

대개는 상담을 원해서 한의원을 찾아 주시는 게 아니고, 막상 상담할 수 있는 시간적 여유도 많지 않기 때문입니다.

그래서 진료실을 벗어나 언제 어디서든 참고할 수 있는 멘토 같은 책을 드릴 수 있으면 좋겠다고 생각했습니다. 제가 한의학 서적에서 답을 찾았던 것처럼 말입니다.

한창 인생이 고달프다고 느끼던 시절에 한의학, 그중에서도 사상의학을 알게 되었고, 점차 가장 믿을 만한 인생 참고서로 활용하기 시작했습니다. 사상의학에는 체질 진단뿐만 아니라 인간의 완성, 즉 자기계발의 노하우들이 담겨 있었습니다.

눈치채셨을지 모르겠지만, 책에서 크게 나눈 네 개의 챕터는 각각 사상의학에서 이야기하는 태양, 태음, 소양, 소음의 측면에 대한 내용들을 제 나름대로 해석하고, 경험을 녹여 각색한 것입니다.

많은 분들이 사상의학을 단지 인간을 넷으로 구분하여 그에 맞는 식생활 습관을 권장하는 의학으로 오해하고 계십니다. 하지만 사실은 4가지로 뚜렷하게 구분되는 차원의 요소들을 두루 갖추어 완전함과 평형을 추구하는 것이 곧 사상의학의 요지입니다.

책을 쓰면서 각각의 체질에 해당하는 독자분들께서 본인의 체질에 해당하는 챕터에 더 애정을 갖고, 편안하게 느끼시는 상황을 그려 보기도 했었습니다. 하지만 위에서 말씀드린 것처럼 평형을 이루기 위한 사상의학의 주제를 따져봤을 때, 상상처럼 결과가 나타나지는 않을 것이라 예상할 수 있습니다.(각 챕터의 내용이 각 체질에 국한되는 이야기인 것도 아닙니다.)

그렇다고 하더라도 어떤 챕터의 내용이 가장 마음에 와 닿으셨는지 한 번쯤 생각해 보시는 것은 독자분께도 하나의 재미 요소가 되리라 생각합니다.

아마도 실력적 한계로 인해 사상의학의 창시자가 의도한 바를 완벽하게 전달해 드리지는 못했을 것이지만, 여러분의 삶에 보다 넓고, 높은 시각을 가진 조력자가 필요한 순간이 찾아왔을 때 이 책이 조금이나마 도움이 되었으면 합니다.

Special Thanks to…

- 그림 제공
- Freepik.com : 그림 4~9 & 11 & 14~15 & 17 & 19~21 & 24 & 26~28 & 30~32 & 34~44 & 46~143
- Pixabay.com : 그림 1~3 & 10 & 12~13 & 16~18 & 22~23 & 25 & 29 & 33 & 45

- 책 편집과 삽화 제작에 많은 영감을 주고, 책 제목을 정해 준 아내에게 고마움을 전합니다.

- 한의학을 아껴 주시고, 사랑해 주시는 모든 분들께도 감사드립니다.